交换空间
JIAOHUANKONGJIAN

央视《交换空间》同步书系

48小时家装魔法 2

中央电视台《交换空间》栏目◎编

U1076846

中国水利水电出版社
www.waterpub.com.cn

内容提要

本书汇集央视《交换空间》节目家居空间二次改造精彩案例，从个性生活与家装设计的双重角度，精细解读每一个案例48小时空间“大变脸”的“魔法”所在，不仅细致呈现了近60例异彩纷呈的家居风格的装饰手法，材料选择，色彩、照明配置，灯饰、软装、家具选购与搭配技巧，分项费用等家装细节，更有来自家装设计师的家装秘诀以资参考。

本书可供广大读者和家装爱好者如法炮制、举一反三，改变或美化自己的家居空间，也可供广大设计师借鉴、参考，启发设计灵感。

图书在版编目（CIP）数据

48小时家装魔法. 2 / 中央电视台《交换空间》栏目编. -- 北京 : 中国水利水电出版社, 2013.1（2014.3重印）
（央视《交换空间》同步书系）
ISBN 978-7-5170-0436-3

Ⅰ. ①4… Ⅱ. ①中… Ⅲ. ①住宅－室内装修－建筑设计 Ⅳ. ①TU767

中国版本图书馆CIP数据核字(2012)第303302号

书　　名	央视《交换空间》同步书系 48小时家装魔法2
作　　者	中央电视台《交换空间》栏目　编
出版发行	中国水利水电出版社 （北京市海淀区玉渊潭南路1号D座　100038） 网址：www.waterpub.com.cn E-mail：sales@waterpub.com.cn 电话：(010) 68367658（发行部）
经　　售	北京科水图书销售中心（零售） 电话：(010) 88383994、63202643、68545874 全国各地新华书店和相关出版物销售网点
排　　版	北京时代澄宇科技有限公司
印　　刷	北京博图彩色印刷有限公司
规　　格	210mm×280mm　16开本　6.5印张　78千字
版　　次	2013年1月第1版　2014年3月第5次印刷
印　　数	14001—19000册
定　　价	39.00元

凡购买我社图书，如有缺页、倒页、脱页的，本社发行部负责调换

版权所有·侵权必究

编委会

主　　编：郭振玺　胡昌支
执行主编：郑　蔚　张铁忠
副 主 编：施　伟　李　亮
编　　委：邓涑莹　杨　颖
杨　薇　周　媛
李　康　刘佳宜
陈奇辰

目录 Contents

Contents

如何使用本书?

★关于“48小时”和“一万元”

节目中家居空间改造的设计、施工、整理工作都是在48小时内花费约一万元完成的，因此案例家装特点是：轻装修重装饰，单功能和小空间居多（如客厅、儿童房），设计多花费少，旧房改造提倡环保。

★关于风格

每册收录当今流行的各类家居风格——

◎田园◎现代 ◎简约 ◎新中式 ◎轻奢华 ◎简欧式 ◎欧式复古 ◎混搭

★关于阅读

本书为您解读CCTV2《交换空间》节目家居空间改造精选案例。

头两页：最有特色的图片展示；改造前后评价；改造前后平面图。

中间：“魔法”——文字细述各个改造靓点；改造前后图片对比。

最后：成本开销+色调搭配+装饰装修知识介绍。

★关于书后表格

按提示填写本书最后所附申请表，寄送或发电子邮件给节目组，就有机会参与节目录制、成为红蓝队房主，让《交换空间》进您家！

蓝色爱情海

城市中的纯净空间

永不落伍的地中海风格

配饰与绿植，处处呈现美丽景致

传达生活的快乐与美好

让生活在繁华、喧闹中的都市人，下班后就有回家的冲动

蓝色爱情海 城市中的纯净空间

改造前评述：

房子是二手房，地面铺有瓷砖，墙面是简单的黄色壁纸和白色墙漆，顶面没有任何装饰和造型，几乎没有家具。装修简单，房间整体的色调比较沉闷，缺乏活力，不适合年轻人居住。

房主故事：

新买的二手房，之前是精装修的房子，准备结婚用，房主都是年轻人，希望装出自己的风格。

设计师：袁　园
毕业学校：黑龙江商业大学设计系
从业时间：7年
设计理念：在喧闹繁华的都市中找到家的净土

本案的主色调是清新素雅的白与蓝，象征着蔚蓝的海岸与白色的沙滩，没有艳丽的色彩、夸张的装饰和不切实际的想象。淡淡的具有不同质感的白与蓝使整个居室充满了视觉的清新感，呈现质朴、唯美的空间气质。

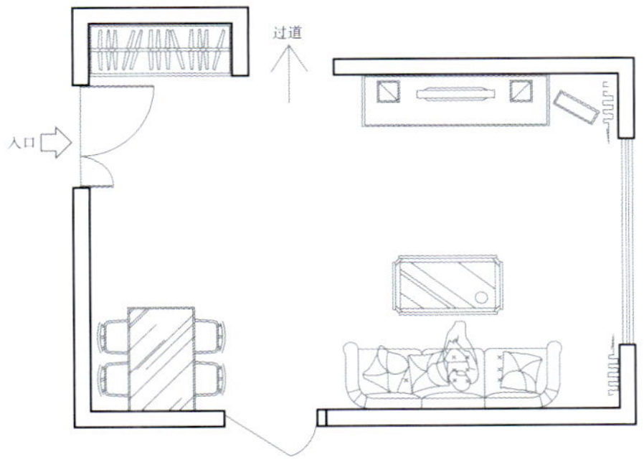

改造前平面图

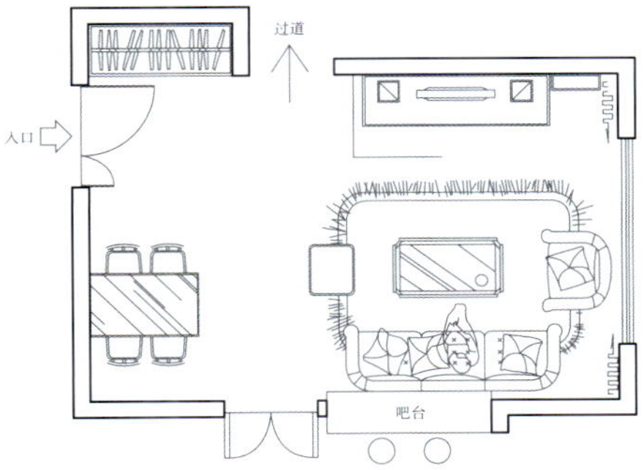

改造后平面图

房间评价
改造后

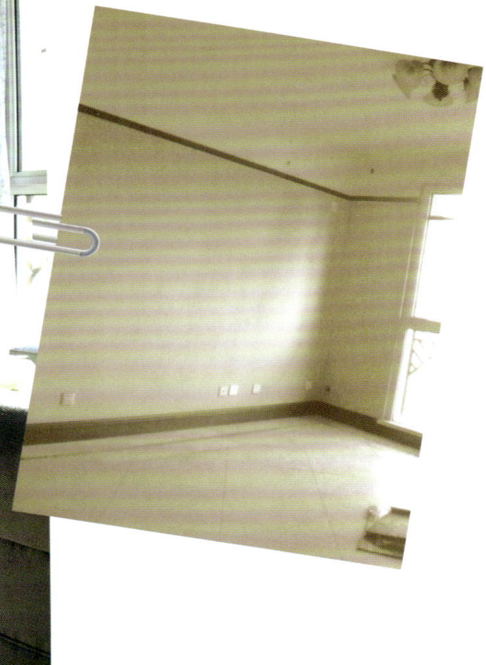

1 2

魔法01

新造沙发墙 简化电视墙

① 沙发背景墙原来是一堵封闭的墙面，只贴了淡淡颜色的壁纸，单一、单调。改造后蓝色的墙面、白色的装饰格相互衬托，色彩更加鲜明。墙面的装饰架上摆放的装饰品更能衬托出主人爱家、爱生活的品质。

② 电视背景墙上做了一个独特的造型墙，配以蓝色小花壁纸，在白色墙面的映衬下，简洁、清雅而特别，给人以干净、自然、清新之感。

魔法02
半开放式吧台塑造沙发墙

原来封闭的隔墙改成半开放式，空间在视觉上变大了，利用半高的隔墙做成一个朴素自然的吧台，再饰以地中海风格的灯具，摆放几株绿植，空间更加贴近自然。吧台具有储物功能，还可以在吧台处玩电脑、看电视、品酒。

魔法03 巧妙打造就餐区

餐区的打造主要依靠蓝色系家具与配饰的完美结合。白色的顶灯、蓝色的漆木桌椅、墙壁上的船舵，营造了一种海天一色的意境。

门厅柜不仅具有储物功能，且呼应了主题，将地中海的白色运用得恰到好处。柜底留空，可以放置鞋和其他物品，而且增加了柜体的轻盈感。

魔法04 呼应主题且灵活储物的门厅柜

改造前的储物柜庞大严肃，显得有些笨重，使用起来也有不便。

成本开销

墙漆：400元　**吊顶：600元**　**沙发背景：2500元**　**门厅柜：1000元**

灯具：850元　**装饰花格：800元**　**电视背景：1600元**　**壁纸：150元**

窗帘布艺：1400元　**其他：700元**

本案色调

主色调+搭配色调

地中海风格家居

西欧家具艺术经过长时期的萧条后，在9至11世纪又重新兴起，并形成自己独特的风格——地中海风格。地中海风格的家具以其极具亲和力的田园风情、柔和的色调和大气的组合搭配很快被地中海区域外的人群所接受。

通常，地中海风格的家居会采用这么几种设计元素：白灰泥墙、连续的拱廊与拱门、陶砖、海蓝色的屋瓦和门窗。当然，设计元素不能简单拼凑，必须有贯穿其中的风格和灵魂。关于地中海风格的灵魂，目前比较一致的看法是——“蔚蓝色的浪漫情怀，海天一色、艳阳高照的纯美自然”。

虹

多彩的现代新简约主义

雨后清新的空气

带着淡淡的花香

你——

就在此时不期而至

伴随第一缕穿过云层的阳光

跨越天际

撒下五彩缤纷

瞬间绽放

虹 多彩的现代新简约主义

房间评价
改造前

改造前评述：

这是一个普通的三口之家，家居布置简单朴素，整体感觉有些陈旧，物品摆放比较杂乱。

房主故事：

幸福的三口之家，家虽简陋，但却是夫妻二人一点一滴、一砖一瓦亲手置办起来的，日子过得简单而平静，想通过《交换空间》节目改变家居风格。对自家的空间改造，一家三口提出了这样一些要求：

- 沙发的颜色和款式太老，换掉。
- 希望安放一个适合孩子坐的高腿小桌，便于孩子在家做作业、做手工，不用时可以收起来。
- 电视柜比较陈旧，换掉。
- 餐椅已经破损，需要解决方案。

设计师：王　新
毕业院校：清华大学
从业时间：10年
设计理念：创意+灵感=设计

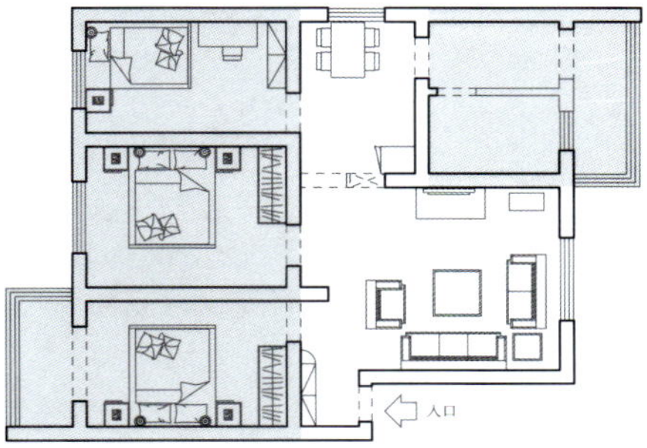

改造前平面图

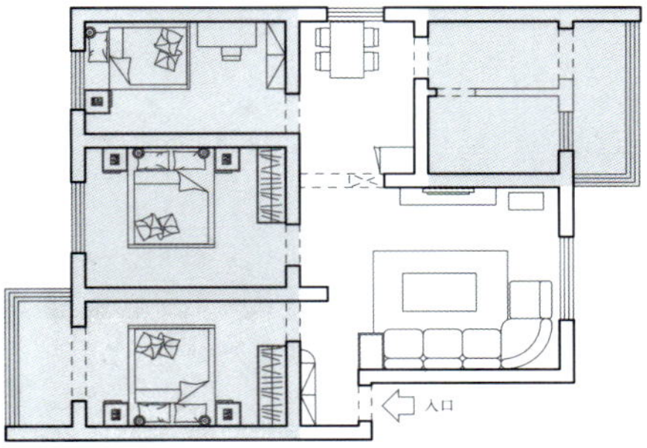

改造后平面图

房间评价 改造后

我们生活在繁华的都市里，过着朝九晚五的生活，我们渴望有自己的空间，而且希望它“与众不同”。为了贴合房主的个性与生活品位，设计师将设计风格定为简洁大方的现代新简约主义，尽量保持原户型的合理用材，尊重原有的空间结构，原空间的美也尽量保持，设计则是灵巧地运用不同的材质和造型，把整个空间有机地融为一体，并通过色彩营造空间的独特魅力。

1
2

① 彩条壁纸的使用改变了白墙的单调感觉，也呼应了“虹”的主题，不同颜色、不同粗细的线条搭配给人以丰富多彩的跳跃之感。

形状、图案、颜色各异，大小不等的托盘和杯垫装饰了沙发背景墙，效果出人意料！

② 树叶形状的窗帘，微风拂过时随风轻摆，客厅空间变得灵动，充满生机。

魔法01 彩虹沙发背景墙

改造前 沙发背景墙只是刷白，装饰简单，没有充分营造出家的温馨静谧感。

魔法02 质感电视背景墙

电视背景墙是用木地板45度斜拼做成的，古朴，自然。木地板的质地和斜向铺设的工艺使整个背景墙呈现典雅的视觉效果，在视觉上，空间获得了延伸。电视背景墙上的玻璃装饰突出亮点，是点睛之笔。

电视柜、茶几、边桌都是用不锈钢和板材制作的，可灵活布置，也适合大人和孩子一起做手工。

改造前 电视背景墙造型比较陈旧，电视柜已有些磨损。

1 客厅与餐厅间的隔断是用PVC管制作的。PVC管切成段粘在一起，再把刷完漆弃置的油漆桶盖通过自喷漆上色，然后套装在PVC管内，就形成一扇个性十足的五彩隔断。

2 圆形镜子组合装饰是整个家居的一大亮点，它既映射出客厅的人和物，又能折射夕阳余晖。顶部天花板上布置了条形镜面，有延伸视觉的作用，显得顶部很高。

3 造型镜子能够满足功能和拓展空间的需要，但是一定要慎用，如果用在不合理的地方会影响风水，所以设计师应该了解最起码的风水常识。如果用得巧妙，它会使空间放大，达到想要的空间尺寸，可算得上有利有弊。

1 | 2 | 3

魔法03 体现主题的隔断

原先的隔断虽具通透性，但设计已经过时，整体感觉陈旧。

魔法04 餐厅的创新设计

1 餐厅和客厅的窗帘是整体统一的紫色小叶图案。灯是设计师手工制作的水晶灯，共有68串水晶串，灯光明亮舒适。

原来的餐椅已经破旧，定制了与墙面壁纸呼应的布艺座套，既美观又容易清洗。

2 阳光洒进来，整个餐厅沐浴在温暖的光线中，墙上的装饰镜映射出餐厅一角。

2 | 1

改造前

餐椅由于质量不佳，革面已经破裂。

成本开销

沙发+茶几+地毯：3200元
壁纸、漆：2900元
饰品合计：500元
电视柜：400元
窗帘、布艺：1500元
地板：600元
PVC造型隔断：400元
灯具：500元

本案色调

主色调+搭配色调 ● ○ + ● ●

现代新简约风格家居的打造要领

现代人越来越追求时尚、舒适、环保和健康的家居环境，当今流行的现代新简约风格更体现出人们个性化的一面。

简洁和实用是现代新简约风格的基本理念。简约风已经大行其道十来年，仍保持着较猛的势头，这是因为人们在装修时既追求经济、实用，也要求体现一定的文化品位，而现代新简约风格不仅注重居室的实用性，还体现工业化社会生活的精致与个性，符合现代人的生活品位。

“简单而有品位”是现代新简约风格的本质。这种品位体现在设计中对细节的把握，每一个细小的部分和装饰，都要深思熟虑，精工细作，体现不同空间的个性与品质。

绿野仙踪

小住宅大空间

绿色，是充满希望的颜色

童话里的“绿野仙踪”

承载着希望

带给我们快乐、轻松

绿野仙踪 小住宅大空间

房间评价
改造前

改造前评述：

改造前是一套三室两厅两卫一厨的房子，房主东西比较多，储藏空间不够，装修风格有点旧了，需要改变一下。

房主故事：

单身母亲和可爱的宝宝，住在三室两厅的大房子里，女主人要求将这套大房子改造成两套房，一套自住，一套出租，两套都有独立的厨房，收纳空间要多，装修要环保。

设计师：瞿铁奇
毕业学校：湖南师范大学
从业时间：15年
设计理念：追求一种简约而美的设计风格

这次改造要把一套100平方米的三房空间完全变成两套独立的小户型，一套出租可创收，一套是单身妈妈和自己可爱的宝宝自住。卧房变客厅，客厅成主卧，过道变厨房，主卫变次卫。同时我对原有家具进行了环保利用，没有造成不必要的浪费。然后我开始对空间进行上色，绿色、自然、阳光是我的主色调，最后营造出一个轻松、舒适、快乐的环境。

房间评价 改造后

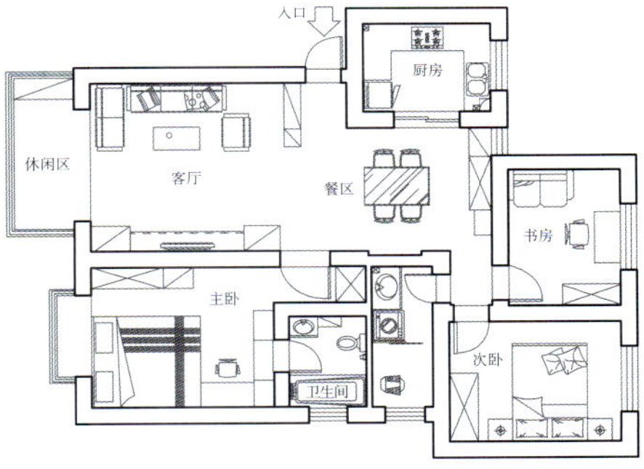

改造前平面图

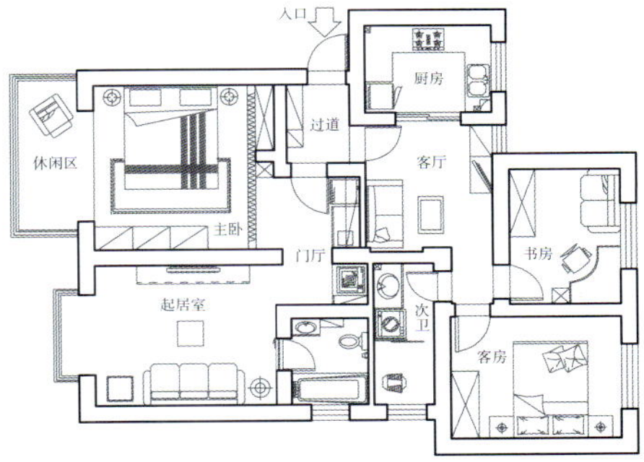

改造后平面图

❶ 进门处的鞋柜被巧妙地隐藏到了墙里，超大的储藏功能，鞋子再多也没问题。白色的柜面与墙面一致，不仔细看还真不知道是一个鞋柜。

通过隔墙划分出来的橱柜区就在进门的左边，别看橱柜虽小，但冰箱、水槽、灶一应俱全。

❷ 进门玄关处的端景墙采用手绘绿叶延伸，从客厅墙面一直蔓延到了入口端景，给人清新和生命之感。

❸ 如果来了三五个好友，沙发不够坐时，窗台也可以变成沙发。

客厅没设主灯，但暗藏的光源更能给人阳光的感觉，而且照明效果更佳。

3 | 1
2

改造前

原作为客厅的空间里，玄关和客厅是连在一起的，空间虽大，但是显得很乱，而且空间有些浪费。

原作为卧室的空间后改为客厅，原卧室空间较为方正，被床和柜子塞得满满当当。

魔法01
卧室改成客厅和厨房

魔法02
绿意盎然、储物功能强大的客厅

精心设计的白色电视组合柜别看面积不大，储藏功能却相当强大，抽屉、柜体、移动推拉门一应俱全，小朋友的玩具就有地儿放了。

沙发两侧的茶几可以组合成一个简易餐桌，藏在茶几下面的小方盒可以当椅子用，还有储物的功能。

沙发背景墙的绿色是整个客厅空间的主题色。卫生间的推拉门也是绿色，与沙发墙面的绿交相辉映。

电视背景墙上的碎花壁纸是整个空间的点睛之笔，它一直延伸到卧室墙面，整个空间用的黄、绿、蓝色都在这里得到了体现，凸显了整个空间的主题。

蓝色的布艺隔断既是主卧的衣柜门，拉上后又是一堵幕墙，让卧室空间更加独立。冷色系中的蓝色，被巧妙地运用到卧室里，给人纯净、清爽的感觉。

三个五斗柜是原有的家具，原来胡桃木色的柜面喷白色新漆，雅致的白与卧室中的其他家具陈设协调统一。

由于房主非常注重环保，卧室的衣柜柜体采用杉木板现场制作，衣柜门是布艺的软隔断。

卧室床头背景墙涂刷环保的黄色硅藻泥墙漆。黄色是暖色调，增加了卧室的温馨氛围。

魔法03 客厅改成大卧室

改造前

改造前的空间为客厅，改造后成为卧室。

卧室阳台原来是仿古砖地面，设计师将其改造成80厘米高的地台，铺木质地板，并用杉木板作护墙板。地台上摆一两个软垫，便是主人休闲看书和小孩子玩耍的休闲天地。

客厅改为卧室后，地面也由原来的地砖换成木地板，舒适而亲切。

魔法04 阳台改地台，休闲嬉戏两相宜

阳台铺地砖，无装饰。

成本开销

墙漆：800元　　**沙发+地毯：2000元**　　**手绘：500元**

厨房改造：1500元　　**大衣柜：900元**　　**壁纸+电视柜：2000元**

阳台改造：1000元　　**其他：1300元**

本案色调

主色调+搭配色调

自然主义风格家居

自然主义风格的家居给人以清新自然的感觉，多运用植物元素，如绿色藤蔓、树叶等。大自然中的绿色、黄色、蓝色运用得巧妙，会使空间达到出人意料的效果。

迷“幔”的古艳

体验古埃及的精神家园

迷：猜测，迷惑，神秘……

幔：轻裹薄纱，罗幔飘舞……

古艳：古埃及艳后般的美艳……

整个设计充满了异域风情，艳丽而浪漫，更拥有着古埃及的文化内涵。

迷“幔”的古艳 体验古埃及的精神家园

房间评价 改造前

改造前评述：

这是一个40平方米的开敞式空间，如何进行区域分隔是个大问题。原房间问题主要体现在：房间方方正正，进门处没有玄关，房子内部一览无遗；布局凌乱，家具不成系统；消防管道完全暴露在顶部，物业要求不能用吊顶包住，以免妨碍出水；房屋西面是整面落地窗，西晒比较严重；房屋南面是隔壁的厨房卫生间，下水声音大，隔音不好。

房主故事：

房主喜欢的风格比较多，如欧式田园、地中海、中式等，希望能解决目前房间布局凌乱的问题，并拥有自己独特的风格。初步规划先从功能布局着手，主要分为6个区域：进门玄关、吧台+塌塌米视听休闲区、睡床区+储物区、阳台休闲区、餐区、沙发会客区。

设计师：胡惠情
毕业学校：鲁迅美术学院
从业时间：7年
设计理念：民族的就是世界的
座右铭：否定自我，超越自我，完善自我

房间评价 改造后

考虑房主的喜好，加以整合，将设计风格定为混搭风格，加了一些欧式田园的设计元素。设计师做了一些创新，将这个空间中加了一些古埃及元素，让更多的人去了解埃及的古老文化——独特的程式法则。埃及是人类最早运用程式法则来创造装饰美的民族。在古埃及的种种艺术品中，几乎都遵从着宗教王权象征及造型的“程式法则”，遵循相同的表现手段、相似的题材，甚至相同的姿态和类似的服饰。

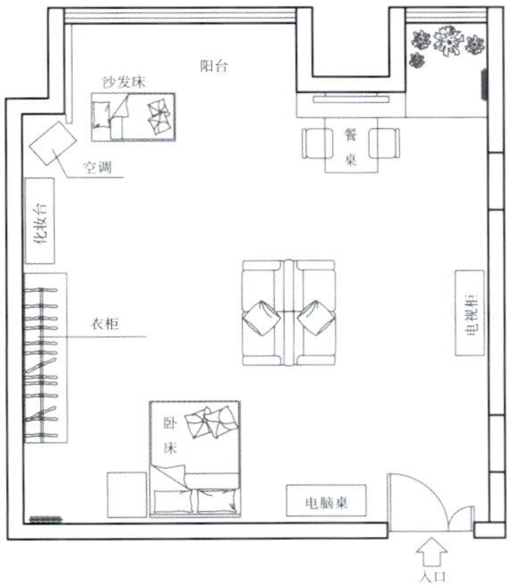

改造前平面图

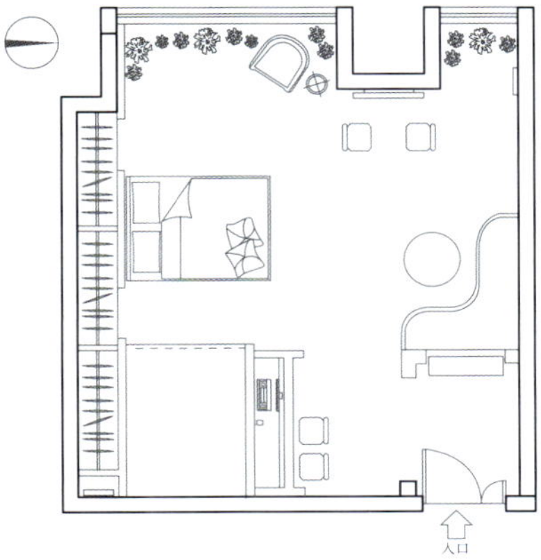

改造后平面图

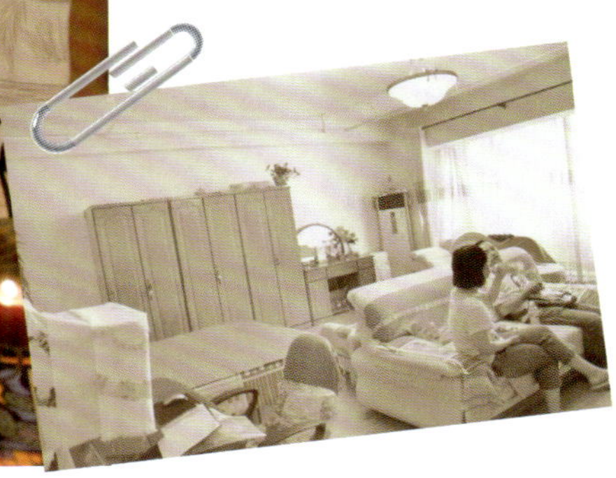

1 床头背后是延续过来的储物空间，墙面绘制古代埃及独特程式法则的皇室壁画，凸显着典雅和高贵，成为整个设计的点睛之笔。

睡床区的床还是原来的木床，稍加改动，整体做成了白色，床头部分结合一些埃及元素，做了两个柱头的处理。

2 床的顶部同样有一个消防管道。为了使每个区域有所不同，这个区域的吊顶采用竹子切半，半包到水管上的方式。竹子里面还可以暗藏灯带，另外半根与之平衡安装，它们的下面再搭上暗花的布幔，更显神秘。布幔还有一个功能就是可以遮挡投影机。

1 | 2

魔法01 移床换天地 储物巧隐藏

原来的大床独自摆放，面朝西窗。

① 榻榻米下面是储物空间，上面可以作为休闲区和客人住所。砖墙的一侧做了高低两个实木台面，高的可以作为吧台，在这个区域可以边喝咖啡，边看电影。

南面靠墙处是用轻钢龙骨石膏板隔出的整面墙的储物间，一直延续到睡床区。

② 低处的台面设计成学习、办公区域，双脚可以直接放到书桌下面。

③ 这个区域的顶部用两根梁作区域的划分。消防管道用镂空的雕花屏风半遮，既不妨碍出水，又显得空间错落有致，平添精致感。

1 2 3

改造前

原先电脑桌与床并置，消防管道裸露。

魔法02

吧台+榻榻米新创视听休闲区

① 阳台区域主要解决的是西晒的问题，同时在这里也可以观看电影。

这个区域被打造成了普罗旺斯的乡村感觉，喷了一个薰衣草庄园的图片作为遮光的窗帘，同时搭配一些植物，在这里坐着可以放松身心。阳台垭口位置挂上白色纱帘，使这个空间更有深度和立体感。

② 为了使活动空间变大，一空间可以两用，所以就餐区看上去是个壁炉的样子，餐桌是可以完全收纳到壁炉里面的两折的桌面。壁炉是白色的，餐桌是深色的，这样，餐桌收回去的时候，更显壁炉的深度；打开的时候可以4～5人同时用餐，非常实用美观。

1

2

魔法03

挡西晒又休闲的阳台 可折进壁炉的餐桌

原阳台未充分利用，也不能很好解决西晒问题。就餐区位置在改造前后无变化。

1 2
3

① 进门玄关不能太暗，又要美观，设计师将轻钢龙骨石膏板墙做成了两个拱形，一面是走人的通道，另一面则是精美的铁艺镂空设计。玄关的吊顶是悬空的十字设计，可以遮挡消防管道，又不妨碍出水。灯是以前客厅的吊灯，做了一些改造，画了一些埃及纹样，继续使用。

② 会客区的沙发是在进门铁艺镂空玄关的里面，设计师让工人按照尺寸定做了一个沙发，下面是可以储物的箱体，上面用海绵做的垫子，拐角处做弧形处理，以免房主不小心磕碰。

③ 本案设计没有按照常规做电视背景墙，而是在床尾的顶部做了一个支架，把电视吊了起来，电视放到这个位置，可以完成360度的旋转，满足屋里各个角落都可以看到电视，同时也不会碍事。

魔法04

新造玄关+巧设会客区+悬吊电视

改造前

改造前门口无任何遮拦，电视及电视柜占据一定空间。

成本开销

纱幔+竹子：350元	**彩绘墙：1000元**	**地台+吧台：1200元**
顶灯改造：10元	**铁艺玄关：1500元**	**雕花板：500元**
沙发+茶几：1000元	**壁炉+餐桌：1000元**	**其他：3340元**

本案色调

主色调+搭配色调

魔法箱

古埃及文明与田园风格、地中海风格如何融合，以及如何与当下案例相融合，都需要深入思考。风格如何融合的关键在于文化沉淀，也就是对古文化的深刻体认。对元素的背景文化了解得越深，才越能体现出它的精神。古埃及文明并不仅仅是金字塔、狮身人面像这些表面的形象，更是一种文化精神与文化氛围。古埃及的每一个法老自身都是建筑大师，一生都在研究与建筑和装饰艺术相关的东西。因此古埃及的每一种建筑、绘画或者装饰，都是包含着古人类文明的艺术品。把握住了这种建筑与装饰艺术的文化精神，把它融贯在家装之中，便能自由运用各种相关元素构筑起一个统一的氛围、格调。

情留芬兰港

北欧风格的中国爱巢

只有爱和包容才能无国界。

没有过多的装饰，通过家具和配饰营造出独特的居室意义。

让芬兰游子和北漂女孩在这里悟出更多爱的真谛。

情留芬兰港 北欧风格的中国爱巢

房间评价
改造前

改造前评述：

对于原来的房间，房主有三个改造希望：第一，希望客厅变亮；第二，希望把进客厅的门打掉；第三，喜欢有木质感的装饰。

房主故事：

男女主人的异国恋情是设计的起源。远在异国他乡的洋丈夫和一个北漂的海归妻子，形成一个独特的家庭。两人不远万里走到了一起，有了爱的结晶。所以在此设计中更多地体现出遥远的芬兰特色（麋鹿、海港灯塔、铃兰国花），以使远方的人更有归属感。

设计师：由　娜
专业年限：8年
毕业学校：黑龙江大学建筑环境艺术系
设计理念：设计源于生活，通过细节的设计流露出生活的品质
座右铭：精于设计、品味生活

整套设计采用了北欧宜居的风格——舒适、温馨、简洁；没有过多的装饰，通过家具、配饰营造出独特的居室意义。让一位芬兰的游子和一位北漂的中国女孩在家里悟出更多爱的真谛。

房间评价 改造后

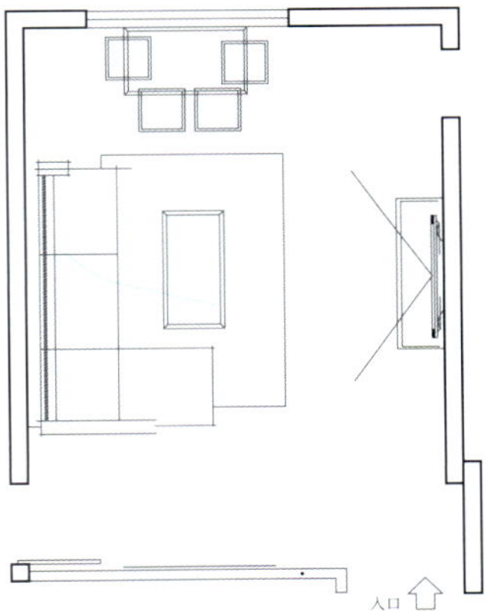

改造前平面图

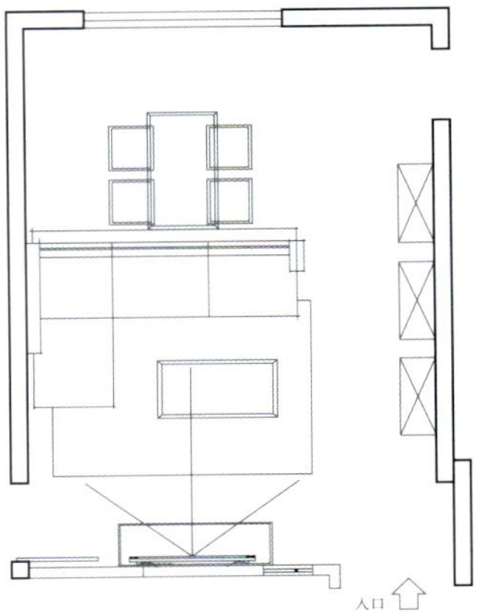

改造后平面图

魔法01

各得其所的格局改造+充满情趣的窗洞

1
2

① 对整个客厅的平面格局做了改造，使得休闲、展示、就餐都有相对独立的空间。

② 为满足房主的前两个愿望，首先对墙体做了一些拆改，原有的客厅门（图片左侧）改为垭口（垭口用石膏线做手边，既环保又省钱）。

其次，把客厅门边的轻体墙做成窗洞形式，让光更好地投入到室内，再用艺术雕刻玻璃雕出男女主人及宝宝的照片（电视左侧），使得空间充满情趣。

改造前

原房间格局相互交叉，造成空间浪费并且散乱。

运用石膏线和壁纸做墙面的腰线。壁纸腰线是定制的，为芬兰特色的灯塔图案。这个设计让来自芬兰的丈夫在中国也能感受到芬兰独特的气息，引航的灯塔抚慰远方游子思乡的心。

魔法02 石膏与壁纸巧做墙面腰线

改造前

原墙面各类风格混杂，无设计意图。

沙发采用了人性化的设计，女主人的姐姐经常来家里做客，有时候住在主人家里，所以原来的沙发体量感很大。这次设计，把原来的沙发换成小巧一点的，下面有箱体可以抽出来，把沙发变成一张床，这样所有的功能需要就都满足了。

魔法03 内藏箱体的小巧沙发

原来的沙发过于巨大，颜色陈旧。

1 2

魔法04
鹿角灯具与情调配饰

1 配饰的摆放也很有情调和品位。坐垫的花纹采用的是变形的芬兰国花铃兰花。

采用了衍纸艺术做了些装饰性的相框。

餐桌椅予以重新添置并配以夸张鲜艳的装饰。

2 灯具采用的是仿制鹿角的形式，更原始自然。

成本开销

茶几：800元	**展示柜：1500元**	**餐桌椅：1600元**
墙面装饰：1600元	**饰品：900元**	**灯具：1000元**
沙发：1800元	**电视柜：500元**	**雕刻玻璃：300元**

本案色调

主色调+搭配色调 +

营造北欧风格

北欧风格，是指欧洲北部国家——挪威、丹麦、瑞典、芬兰及冰岛等国的独具特色的艺术设计风格，设计范畴一般以室内设计以及工业产品设计为主。

以芬兰为例，这种风格的装饰更为实用化、舒适化、简洁化，更接近原生态的美感，多用木材、石材等装饰材料，北欧小木屋是其中的典型代表。

秋槿飘香

简约的奢华格调

秋近了……

秋天是收获的季节，那朵朵秋槿花

带来的是大气，是稳重，是春华秋实的喜悦

秋槿飘香 简约的奢华格调

房间评价
改造前

改造前评述：

房子面积较大，沙发到门有很大一块地方被浪费了，希望能够利用起来。

窗户较小，采光不好，希望改造完能显得房间更亮，家里以前装修过，家具既有现代风格又有中式风格，不够统一，还都是较深的颜色，显得空间更暗。

吊顶和电视墙都很复杂，希望能改变得更简单一点。

房主故事：

这是一对结婚五年的80后夫妇，大学同学，各自事业繁忙，没有时间装修房子，家里老人装修完已有两年，但是觉得太老气，不太适合年轻人，所以想通过交换空间改变一下。

设计师：张韵琦
毕业院校：北京科技经营管理大学
从业时间：10年
设计理念：好的空间不需要复杂琐碎的设计，应该轻装修重装饰

房间评价 改造后

女主人是秋天的最后一天出生，名叫“秋尽”。她的名字给了设计师灵感。秋天是收获的季节，是金色的、丰富的、喜悦的、满足的。设计师运用材质、色彩、图案来体现“秋天”这个主题。于是在这个方案里运用了大量的棕色、金色搭配白色和镜面来做成整个空间；材质上运用了镜子、亮面的金丝绒及皮质；图案上运用了秋天的图画、秋瑾花等。整个空间高档奢华而不失品位，大气沉稳而不失青春。

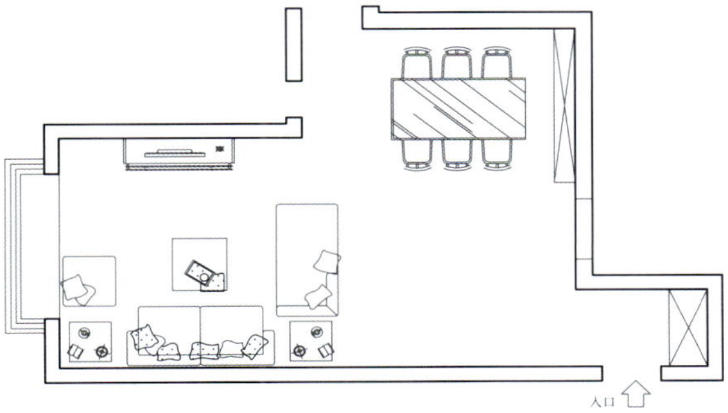

改造前平面图

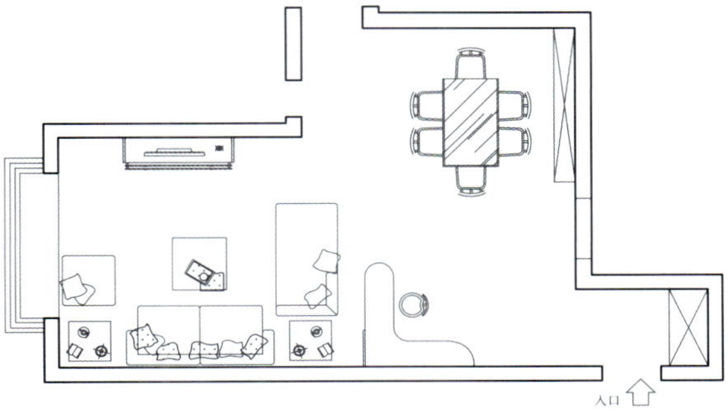

改造后平面图

1 由于房间较暗，因此用了很多镜面的装饰。

2 沙发背景墙用白色的亮面仿鳄鱼皮软包加上镜子和不锈钢的装饰条，使空间显得非常大气、时尚、奢华，还可以反光，使空间比较亮堂。

3 一进门的镜面贴花是秋槿花，是点题之作，也给这个小空间带来了时尚感。

1	2
3	

魔法01 提亮房间的镜面装饰

原来的沙发墙装饰画是国画，不够年轻时尚。

①/② 吊顶全部化繁为简，变成两个方形的吊顶，分别位于客厅和餐厅，分割了区域。灯全部换成水晶灯，使空间多了一份奢华感。

③ 进门处做了一个工作区，可以利用空间，也不会挡路；与沙发挨着的地方用镂空屏风作为隔断，隔而不断。

魔法02

吊顶分割空间+巧用进门空间做出工作区

1 | 2
3

原来的吊顶没有很好地分割区域，复杂而又陈旧。原来进门的地方空着，没有很好地利用。

魔法03
完整大气的电视墙+突显秋天的色彩搭配

电视背景墙用了定制的文化墙，优点是没有缝隙，随便刷什么颜色都可以，整个墙面比较完整、大气。

色彩方面，对以前大量的胡桃木色均做了改变，餐柜、茶几和电视柜都是白色，餐桌是大麦色。棕色和金色金丝绒是布艺的主要材质，墙面采用了大麦色的乳胶漆突出秋天的主题。

改造前的电视墙和其上的吊灯都显得陈旧而且复杂。

原来的家具既有现代风格又有中式风格，不够统一，还都是较深的胡桃木色，显得空间更暗。

餐厅的装饰画墙采用了现代风格，排列整齐简约，没有采用欧式比较随意的排列方式。装饰画都是秋天的景色，其中穿插着几块镜子，富于变化而又简洁时尚。

改造前

魔法04 装饰画墙营造现代简约的餐厅风格

改造前的餐桌是中式风格，并且是横着放置，改造后的餐桌换为大麦色玻璃餐桌，竖着放置，更好地利用了空间，美观大方。

成本开销

布艺：2800元　**沙发背景墙：1680元**　**电视墙：1100元**
隔断及书桌：1200元　**餐桌椅：1800元**　**水晶灯：700元**
亚克力雕花：280元　**装饰画展示墙：380元**　**其他：60元**

本案色调

主色调+搭配色调　+

改善采光不好的好办法

对于采光不好的房间，不一定是要安装大面积的镜子或很多灯来解决，我们可以运用亮面的材质提升整个空间的反光度来使空间变亮，比如小面积的镜面材质等，布料也可以采用金丝绒等反光材质，亮皮及白色家具的运用都可以考虑。

现代风格的奢华元素

现代风格也不单单是简单、简约、朴实，也可以很奢华，虽然家具的造型都是简单的，但是可以用烤漆、金丝绒等高级材料来体现奢华感，及采用墙面软包的装饰来丰富整个空间。灯的选择上可以用水晶灯，配饰可以选择一些金属、玻璃材质的饰品来提升整个空间的奢华感。

锐·蝶变

舞者的“重金属”个性家居

“重金属”摇滚乐的灵感源泉

硬材质与软配饰的完美结合

打造一种气势——

勇往直前，化茧成蝶

锐·蝶变 舞者的“重金属”个性家居

改造前评述:

在改造前，由于整个家居是四五年前的装修，装饰不讲风格。

整个空间没有任何个性的感觉，乱、旧、杂是改造前的特点。

房间评价 改造前

房主故事:

房主是一位典型的80后女孩，拥有一颗强大的内心和不输男人的性格。她是一位拉丁舞者，在国家及国际级舞蹈比赛中屡获殊荣，白天在航空公司上班，晚上在音乐教室教孩子们跳舞，在生活中具有不服输的态度。喜好重金属音乐，在日常打扮中喜欢一些金属物品的小装饰，如钉扣、硬皮靴、个性铁链装饰品等，现在与父母同住，在家居的改造意见中，家人的理解与支持在个性方案的实现过程中起到了关键作用，全家人对新事物接受度较高，敢尝试、敢体现。

设计师：许　志
毕业学校：广西生态工程职业技术学院
从时间限：4年
设计理念：设计具有文化内涵的空间，和具备个性的人性化空间

锐·碟变，“锐”表明了整个设计的态度和对材质简单明了的运用，“蝶变”则是将一系列质朴的和日常不入眼的材料进行处理、结合，最终营造出超越单体的集合之美、质朴之美。通过改造，重金属特有的“刚性”感觉强烈地体现出来，用钢铁、铁锈、铜丝元素穿插着在一些着重点突出地展现出来，用夸张的手法将一些日常常见的元素放大，从而体现了特有的艺术感。

房间评价
改造后

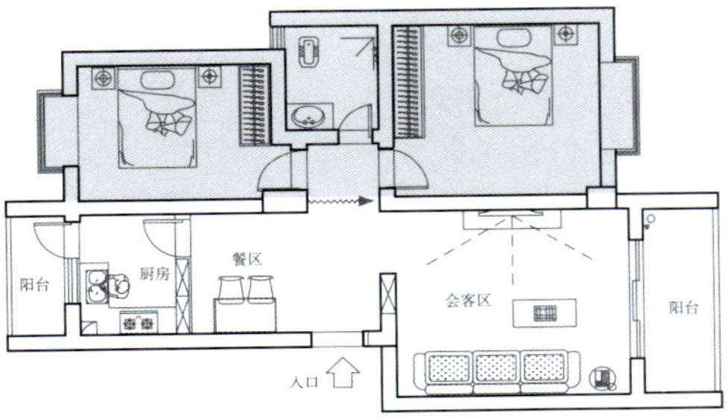

改造前平面图

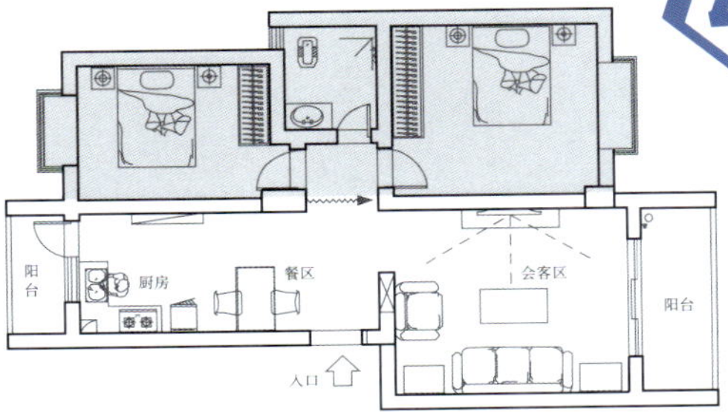

改造后平面图

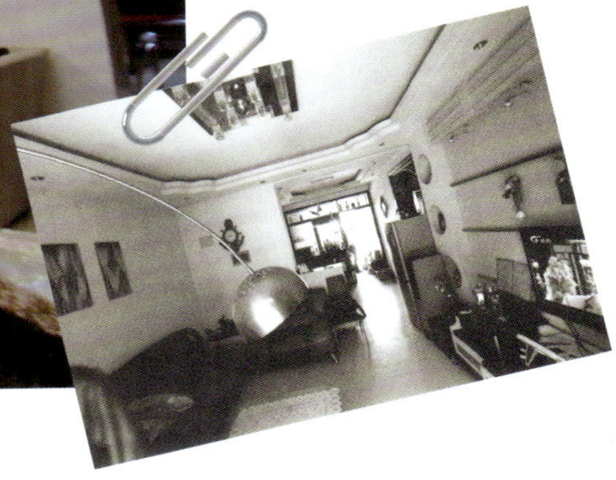

改造后的埃特板沙发背景墙，使用基础饰材，墙面上不作任何表面处理，体现出材料的质感美。

定做的牛仔布沙发座套，既节省费用又彰显个性。

魔法01 凸显材料质感的沙发背景墙

改造前

沙发背景墙装饰简单，缺乏主题。

❶ 蝴蝶设计的电视背景墙，点明了整个设计的主题，金属质感也会让人感觉到锐意进取的阳刚之美。

❷ DIY家具局部细节，废弃的钢板用模压机器制成结构简单、实用的装饰结构。

1
2

魔法02 蝴蝶展翅的电视背景墙

改造前

电视背景墙没什么风格，只是简单元素的堆砌。

魔法03
贴画造就生动餐区空间

二维贴画与三维空间的结合，使整个空间生动了起来。

餐厅厨房打通改造后，DIY灯具光的效果增加了整个空间的通透感，也使得分区更加明确。

改造前

一个装饰柜分割出厨房和餐厅，但柜子已经发霉，不美观、不实用，而且使空间显得拥堵。

① 涂鸦装饰画与DIY灯具同样注重艺术风格。

② 将废弃的发光件和完好的灯具用漆包线缠绕，做成DIY铜丝艺术灯，特殊的质感及与漆包线缠绕出的特殊效果突出了个性的需求。

魔法04 独特的DIY配饰设计

改造前

吊顶和装饰都缺少独特的风格和美感。

成本开销

隔断：100元	沙发背景墙：1000元	窗帘：600元
电视背景墙：3000元	线帘：100元	手工铜丝灯：50元
地毯：200元	沙发：1950元	定制家具总计：3000元

本案色调

主色调+搭配色调

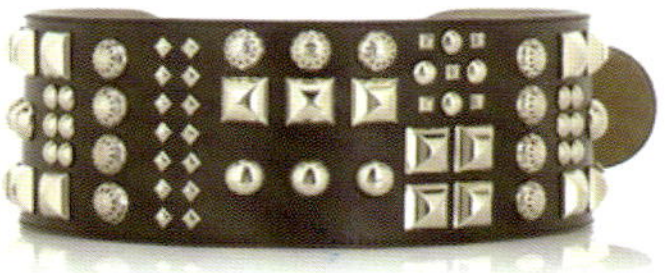

如何将抽象的音乐元素融入家居设计中

将一种表现形式上的艺术的核心思想体现到一种表现形式上，这个过程就是跨界。

本方案是将音乐、舞蹈的艺术形式跨界到家居环境艺术上，在设计时先了解“重金属”音乐、乐器以及演奏者的衣着、装束特点，综合出一些具象的造型；材料的选择上不宜过“软”，应和“重金属”音乐给人的感觉有相应的交集。通过夸张的装饰和局部细节的刻画，形成具有独特个性的家居设计风格。

唐城往事

古典与现代的混搭乐趣

岁月在堆积往事的空间中慢慢积淀

美好的时光

如梦如烟的昨天

一一呈现

留待与过往的人们

仔细品鉴

唐城往事 古典与现代的混搭乐趣

房间评价
改造前

改造前评述：

整套房子简单来说就是没有设计感，不能体现主人的性格与文化底蕴，空间使用不合理。客厅中沙发与床一起摆放，布局杂乱，功能性不强；墙面没有任何装饰，四面白墙，缺少温馨感；墙面没有装饰背景，缺少艺术性；没有鞋帽柜，回家后衣服随处乱放。房主对于改造的要求：①有充分的储物空间；②有一定的特色，能给国外朋友留下深刻印象；③不要太复杂，以舒适为主。

房主故事：

这是一个幸福的三口之家，居住在美丽富饶的渤海湾之城——唐山。像大多数家庭一样，小主人是家的核心，家里的一切都以他的生活为中心。小主人在唐山一所国语学院读初中，他有很多外国朋友，但因为家里的居住环境不是很好，始终不敢让自己的朋友来家做客。能有一个接待朋友的家居空间就成为全家人的最大愿望。

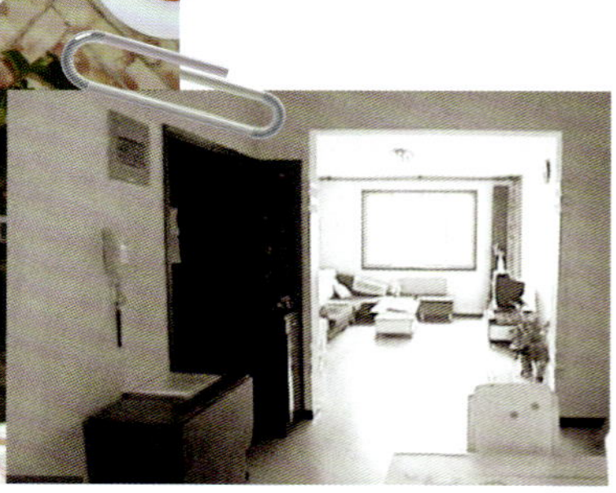

设计师：刘淑媛
毕业院校：河北科技大学
从业时间：10年
设计理念：让中国风席卷世界

房间评价
改造后

本案是一套具有中国风、体现唐山特色的设计方案。围绕“唐城往事”这一主题，将古典与现代相结合，以简洁明快的设计风格为主调，在总体布局方面尽量满足房主生活上的需求。客厅和餐厅的背景采用瓷器和皮影做装饰是本案的亮点，更体现“唐城往事”之感，创造出一个温馨、健康的家庭环境。

这套设计摒弃了简约的呆板和单调，也没有古典风格中的繁琐和严肃，让人感觉庄重恬静，适度的装饰也使家居空间不乏活泼气息，使人在空间中得到精神和身体上的放松，并且紧跟时尚的步伐，满足了现代人的“混搭”乐趣！

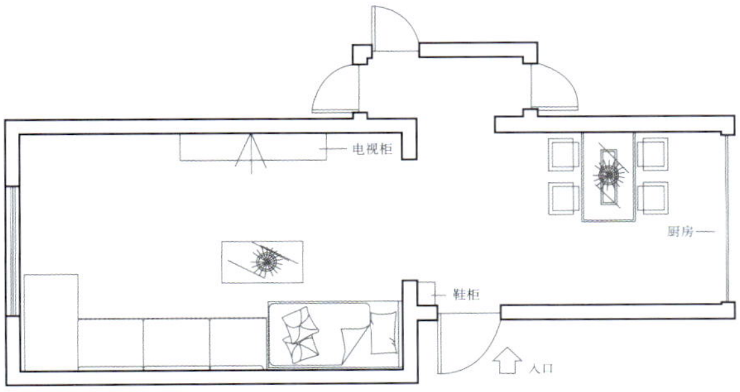

改造前平面图

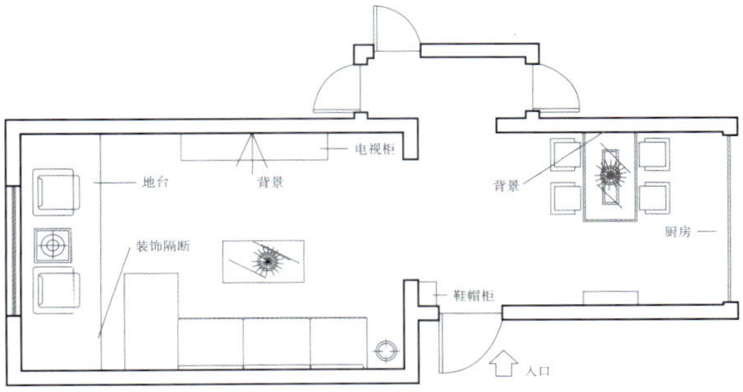

改造后平面图

挪走客厅中的床，在客厅的南面加做休闲地台，既能创造闲适的生活氛围，又弥补客厅跨度大的缺陷。地台的设计是典型的中式风格，在窗台纱帘的映衬下，别具一番风情。

改造前

魔法01 弥补客厅缺陷的中式地台改造

客厅南面不是落地窗，放置了一张简易床，浪费空间的同时，也浪费了阳光。

电视背景墙整体色彩搭配清新淡雅，满足了主人的视觉需求，营造出一种温馨浪漫的家居氛围。

改造后的电视背景墙采用石材的外框，中间红色的硅藻泥既能呼应餐厅背景的颜色又能渲染客厅的气氛。

魔法02 清新淡雅的电视背景墙

改造前无电视背景墙。

魔法03 皮影装饰的沙发背景墙

改造前的沙发墙无任何装饰，单调乏味。

沙发背景墙上的皮影装饰是点睛之笔，体现了整个设计的主题。

白色的背景与室内整体装修风格浑然一体，同时也更鲜明地衬托出大红色的剪纸及色彩艳丽的皮影人物，有效烘托了室内的整体氛围。

❶ 蓝色背景衬托着白色中式花格，既有传统的味道又不失现代感。

❷ 红砖纹理的壁纸把白色瓷盘完美地托出，最引人注目的是盘子中心的皮影，将背景设计推向了至高点。

魔法04 餐厅背景改造

改造前

改造前餐厅散乱无装饰。

成本开销

墙漆、壁纸：1500元　**地台改造：1200元**　**窗帘：800元**

沙发：2600元　**电视背景墙：700元**　**木雕花格：800元**

瓷盘：120元　**餐边柜：800元**　**储物柜：580元**

灯：500元　**皮影：400元**

本案色调

主色调+搭配色调

新中式风格的装修手法

1.风格诠释：新中式风格不是纯粹的中式元素堆砌，而是通过对传统文化的认识，将现代元素和传统元素结合在一起，以现代人的审美需求来打造富有传统韵味的事物，让传统艺术在当今社会得到合适的体现。

2.空间的处理：依据住宅使用人数和私密程度的不同，需要做出分隔的功能性空间，采用“垭口”或简约化的“博古架”来区分；在需要隔绝视线的地方，则使用中式的屏风或窗棂，通过这种新的分隔方式，单元式住宅就展现出中式家居的层次之美。

3.装饰色彩：新中式风格的家具多以深色为主。墙面色彩搭配：一是以苏州园林和京城民宅的黑、白、灰色为基调；二是在黑、白、灰基础上以皇家住宅的红、黄、蓝、绿等作为局部色彩。

4.造型特点：空间装饰多采用简洁硬朗的直线条。直线装饰在空间中的使用，不仅反映出现代人追求简单生活的居住要求，更迎合了中式家具追求内敛、质朴的设计风格的要求，使“新中式”更加实用、更富现代感。

天空之城

小空间大智慧

家是温暖的地方
家是自由的所在
身处小小蜗居
也向往天空的广阔

白与黑交织
还原家的简洁与利落
清新森林
暖暖灯光
小巧阁楼
奇妙吧台
凸显家的生机与精致
诠释着设计的智慧

天空之城 小空间大智慧

改造前评述：

房间内缺乏储物功能，不大的空间摆着很多零碎的用品，很凌乱。客厅是刀把形状，电视墙在进门的位置，虽然拉伸了视听空间，但空间不完整、不独立，观看电视时易受人流干扰。门厅则缺少鞋柜等储物空间。没有阳台，晾晒衣服是个大问题。

房主故事：

一对热情好客的年轻夫妻，一个47平方米的一居室的家。夫妻俩开朗、热情，女主人更做的一手好菜，家中常有亲朋好友做客，局促的空间让这对小夫妻犯愁——来访的亲友该如何安顿？沙发当床太简陋，夫妻俩希望设计师能改造出新空间。

设计师：初　晓

从业时间：5年

毕业院校：东北林业大学

设计理念：设计点亮生活，为空间赋予生命

小户型的空间利用非常重要，“天空之城”就是把隐藏的空间挖掘出来并发挥功用。设计运用以小见大的手法，客厅的多处区域都设计成具有多种功能的小空间；颜色上用对比强烈的黑、白，给人清晰的视觉效果，局部用树形图案的壁纸打破生硬的直线条空间，为空间赋予生机和活力，小空间体现大智慧。

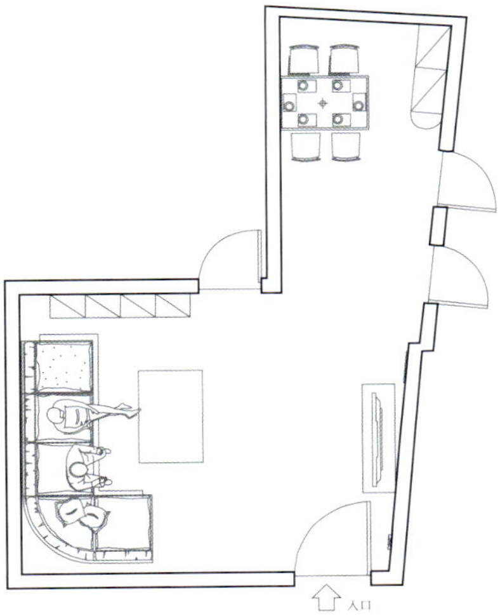

改造前平面图

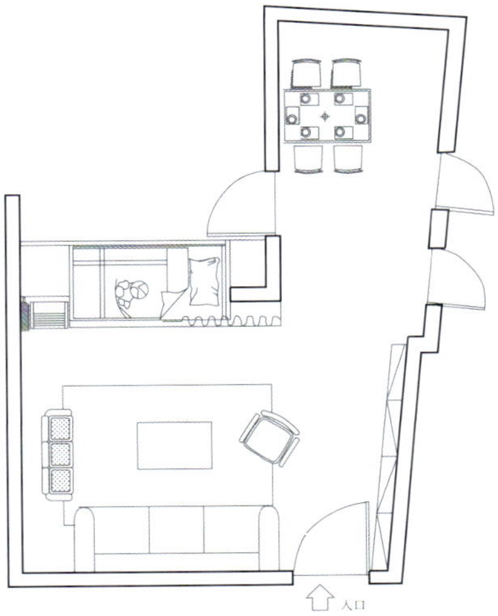

改造后平面图

房间评价
改造后

魔法01 转换方向创造出完整客厅空间

客厅家具摆放90度调换，主卧室门所在的墙面改造为多功能电视背景墙，形成完整的客厅空间。

20平方米的客厅，为了在视觉上不显局促，墙面处理采用大面积刷涂灰色涂料和大面积铺贴个性壁纸的方法，使空间大方而简洁。

客厅是暗厅，没有自然采光，照明结合了吊灯、落地灯和射灯这些点光源，并使用暖光，让家温馨十足。

定制的现代风格树形壁纸，清新自然，颜色介于黑色和白色之间，有中国传统水墨画的意境，在黑白空间中起到很好的过渡和衔接作用，是空间的点睛之笔，营造出自然舒适的氛围，使呆板的墙面充满生机和活力。

利用剩余木料制作的储物箱，加上一个软包垫子就成了一个榻椅。

改造前

改造前客厅堆满物品，很是杂乱。原来的沙发墙改造后贴上了树形壁纸。

1 电视背景墙设计成一个多功能区域，集视听、睡眠、储物等功能为一体，把空间功能发挥到极致。

原为主卧室门所在的隔墙，功能性不强，比较浪费，设计将主卧室门移到餐厅一侧的走道，这面墙改成多功能电视背景墙。

2 利用电视背景墙的上层空间和卧室衣柜上层空间搭建出一个小阁楼。

3 通往小阁楼的是可移动的扶梯，不用时可收起来。

2	1
3	

魔法02
原卧室墙变多功能电视背景墙

改造前

原电视墙在一进门的位置，虽然拉伸了视听空间，但缺乏完整性，且挤占了鞋柜等储物空间。

改造后的电视墙是原主卧室门位置所在墙面。

这幅美丽的风景画，可不是普通的挂画，它内藏玄机哦！这里藏着一个晾衣区！把风景画翻起来，就是晾衣架。在狭窄的空间中，风景挂画给空间以延伸的视觉效果，既美观又大方，晾衣时翻起来，不用的时候收起来，非常节省空间。

魔法03 吧台变餐桌 隐形晾衣区

房主非常喜欢吧台，但玄关处放吧台会显得拥堵，使用也不方便。原来的餐厅空间狭长，放餐桌很局促，设计巧妙地将吧台和餐桌的功用结合，餐厅变身为一个品酒、就餐、上网办公的多功能区。

吧台变身术——吧台沿地面轨道滑行，台面上的装饰画翻下来卡在吧台预留的槽口里，立刻变身为餐桌。装饰画收起来时，可由墙上的门吸固定。

改造前

改造前局促的餐厅。

储物一般分为集中型储物和分散型储物两种，一般空间多采用分散型储物方式，根据需求分门别类地储放物品。本案在门厅处增设了一排四组对开门式柜，可放置鞋、包、雨伞等物品；客厅的电视柜设计了五组抽屉，可收纳很多小物品；客厅的软包榻椅下面也是储物空间。屋子面积虽小，储物功能超强，再也不用担心家像杂货铺了。

魔法04 超大储物空间

门厅缺少储物空间，家显得杂乱。
原电视墙处改造后放置了四组对开门式柜。

成本开销

沙发：1500元 **自制床：1300元** **灯具：1500元**

饰品：850元 **自制吧台：1500元** **门：2000元**

方便衣架：150元 **门厅柜子：1200元**

本案色调

主色调+搭配色调 ＋

现代简约风格家居的营造技巧

很多家庭都喜欢简约风格的家居，它简约而不简单，空间效果明快、利落而不失雅致、时尚，非常适合小户型空间。这种风格多用最简洁的线条表现家居，多以直线条为主，颜色简洁明快，体现低碳的家居生活理念。

现代简约风格的色彩搭配通常以黑、白、灰为主，可以适当采用亮色进行点缀、提亮。

材质方面多用原木、玻璃镜面、不锈钢、马赛克等，在不同的空间中营造不同的氛围。

同一个屋檐下

浓郁的中式民居风情

家——

身心沉淀的净土

绽放传统中国风

一如旗袍

有雍容华贵

也有端庄清雅

同一个屋檐下

浓郁的中式民居风情

房间评价
改造前

改造前评述：

厨房空间太小，以至很多杂物只能安排在不大的餐厅区域；空间杂乱，需要更多的储物空间。因家中老人腿脚不太灵便，需要一些更人性化的设施。

房主故事：

一对70后夫妻，打拼多年勒紧腰带筑起属于自己的小窝，然后刷爆信用卡装修房子。而今那些日子都已经过去，他们想给自己的家换个模样，换种感觉。

设计师：朱春林
毕业院校：河北艺术职业学院
从业时间：9年
设计理念：设计改变生活
座右铭：认真无难事

房间评价 改造后

既然城市里再难得见到青砖黛瓦，那么我们就在家里自己搭建起来。无需繁花嫩叶、庭院深深，雪白的墙壁、粗朴的麻绳加上原木麻布沙发，配上木浆壁纸，几乎可以闻到淡淡的泥土气息，宁静而致远，足矣。

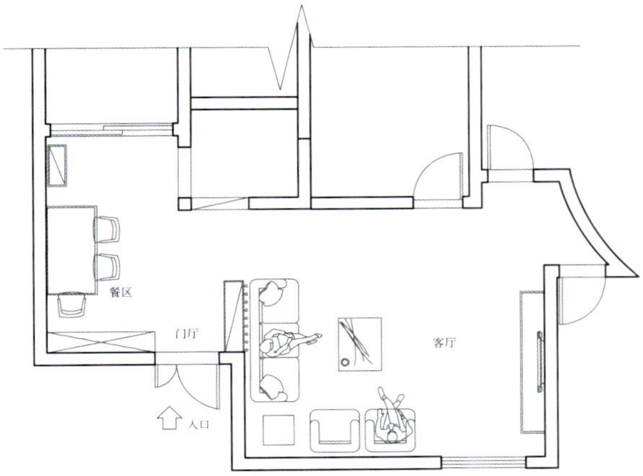

改造前平面图

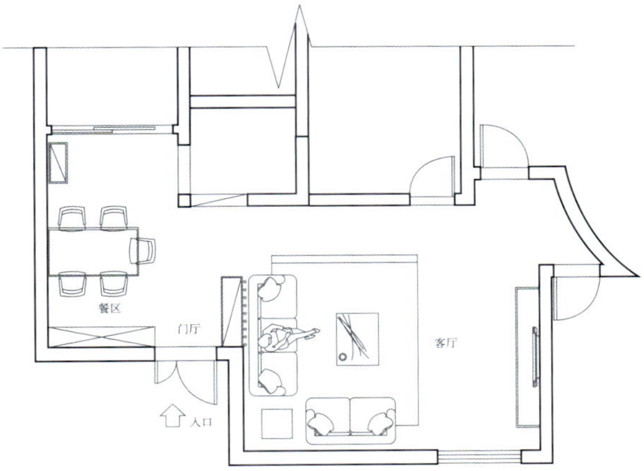

改造后平面图

魔法01

黛瓦巧饰餐厅横梁

进门口黛瓦造型起到了空间点题的作用。解决了餐厅与厨房之间横梁造成的两个空间落差过大。

改造前

原来的餐厅和厨房中间有一道横梁，既不美观又给人一种压抑感。

1 2 3

① 花格加灯膜造型，填补原来鱼缸位置，满足餐厅采光，化解青砖墙面给人的密集感，让一整版的白墙活起来，不显呆板。

②/③ 扶手造型功能至上。老人房跟餐厅、厨房、卫生间都有段距离，扶手帮助了老人在家的活动，也让客厅和餐厅之间有个很好的过渡。

魔法02 以人为本的墙面处理

改造前

原来的鱼缸位置显得孤立，墙面太单调。

电视背景黛瓦造型呼应门口的屋檐，有头有尾让空间显得完整；同时与花格窗设计相互映衬，形成中式民居风格的典范。

改造前

原来的电视背景墙看起来很单调。

魔法03
花格、黛瓦创造出中式民居电视背景墙

麻绳玄关既能分割客厅与餐厅空间，又能作为相片展示区，同时可作为沙发背景墙。

魔法04 麻绳变玄关

改造前

原来的玄关区域显得杂乱，垂绳软隔断也有些过时。

成本开销

沙发：5000元 **麻绳玄关：100元** **壁纸：200元**
电视柜：300元 **青砖黛瓦：1000元** **花格板：200元**
扶手：100元 **储物柜：1500元** **其他：1600元**

本案色调

主色调+搭配色调 +

魔法箱

“新东方主义”风格的营造

“新东方主义”是中国人的一个情结，不是复古主义的仿制，不是前卫的离经叛道，是这个时代中国文化崛起的一个现象，是所有中国人理解和传承的有时代特征的风格。如同穿一件旗袍，有人穿上就显得雍容华贵，有人穿着也显得端庄清雅，但是也有人穿上后就显得庸俗。这其实就是新东方主义风格最迷人，也是最难把握的魅力，其考量的是一种内在的、隐含的气质，需要达到的是一种意古通今的境界。

中国风的构成主要体现在传统家具、装饰品及以黑、红为主的装饰色彩上。室内多采用对称式的布局方式，格调高雅，造型简朴优美，色彩浓重而成熟。中国传统室内陈设包括字画、挂屏、盆景、瓷器、古玩等，追求一种修身养性的生活境界。总体布局对称均衡、端正稳健，在装饰细节上崇尚自然情趣，花鸟鱼虫等精雕细琢、富于变化，充分体现出中国传统美学精神。

邂逅新古典

营造新古典主义的优雅恬静

在透过纱帘的摇曳阳光中憨憨午睡；
一本书，一杯咖啡，一个悠闲的下午；
生活的惬意如此简单。

邂逅新古典

营造新古典主义的优雅恬静

改造前评述：

- 增加人口后，储物空间不够用了。
- 没有风格，颜色看久后易让人烦躁。
- 进门处的鞋柜凌乱，没有整装的穿衣镜。

房间评价
改造前

房主故事：

房主是一对年轻的小夫妻，女主人自有了小宝宝后就做起了全职妈妈，小宝宝降生了，家里的空间也变得紧张起来，原本不大的一室一厅变得更局促了。本次改造的位置是客厅，房主希望增加储物空间，并提升居住品位。

设计师：刘　城
毕业院校：廊坊师范学院
从业时间：10年
设计理念：设计以人为本

房间评价
改造后

当下社会，年轻人的紧张压力总是在夜晚降临后才得以宣泄，而家则变成了一个舒适的港湾，那里有自己的梦想和动力，也是让人最放松的地方。每个人对于家的要求不尽相同，有人喜欢自然的恬静，有人喜欢皮质的部落文化，也有人喜欢自己的主张，这次设计的主题叫做“邂逅新古典”，用淡雅的色彩打造了一个优雅恬静的空间。

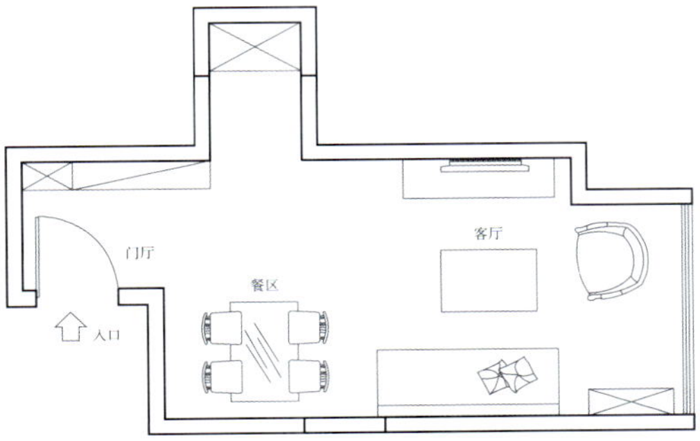

改造前平面图

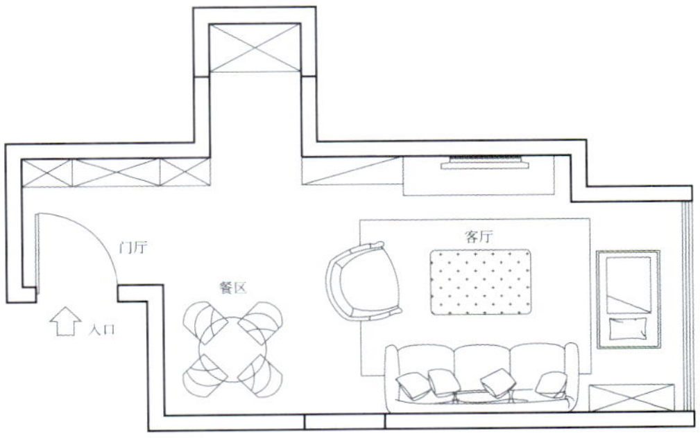

改造后平面图

门厅位置丢弃了原有的矮柜，定制与墙面颜色相同的储物柜，并用对墙面处理的手法进行了柜门的改造，增加了定制的实木线条，将柜子隐藏成墙面，增加了使用空间的同时，有效地增大并合理使用了空间；改变了原有的鞋柜，增强了实用性，并将新的柜子与墙面结合为一体，使空间更具整体性。

魔法01 与墙相融的门厅储物柜

改造前

改造前的门厅杂乱无章，柜子高矮不齐。

客厅的电视柜也增加了实用性，并在边上增加了斗柜，形成高低错落的层次。
客厅原有的沙发床被柔软的沙发替代，坐起来更舒适。
布艺可储物的脚凳替换了原有的茶几，为将来儿童玩耍避开了危险，并增加了储物空间。

电视柜周边比较无序，也不美观。

魔法02 将装饰、储物与安全集为一体的客厅

① 地面增加了地毯，使沙发围坐感更强。
② 客厅多处增加了储物空间后，阳台成为孩子午睡的地方。

1 | 2

魔法03
地毯围出了空间 孩子拥有了阳台

改造前

原来的阳台并未得到很好的利用。

餐厅用圆桌替换了原来金属和玻璃材质的方桌，餐椅也换成了软靠背，垂下的桌布增加了柔软的视觉效果，并带来高贵与浪漫的气息。墙面颜色改为灰色调，并用白色石膏线以古典风格的样式加以装饰，增加了房间的视觉高度，营造出古典的氛围。

魔法04 色调古典、使用安全的餐厅

原先的餐厅位置比较拥挤，而且金属和玻璃材质的餐桌容易磕碰小孩。

成本开销

餐厅区域：3290元　**电视柜组合：1760元**　**玄关衣柜：2100元**

石膏线：670元　**茶几：399元**　**沙发：1690元**

其他：91元

本案色调

主色调+搭配色调

新古典风格家居的塑造要领

新古典风格家居的打造需要注意：可以通过石膏线条增加墙面的装饰，有条件的可以用木质镶板或壁纸替代，也可增加壁炉来体现古典的元素；家具因空间而异，小空间选择现代布艺的家具，颜色尽可能以素色为主，窗帘布艺可以适当地用绒面来提亮整个空间，使空间在光照下有层次地变化，灯具可采用水晶灯以增加现代感和奢华感，也可用做旧的古朴铁艺灯增加古典感，总之不要处处占尽，要适当地搭配才不会让空间显得喧闹杂乱或不伦不类。

幸福的羽毛

蜗居的小小幸福

有时候爱就是幸福的羽毛

谁捧着都有微笑的眼角

让幸福停留，超越渺小

别轻飘飘地走掉……

幸福的羽毛 蜗居的小小幸福

房间评价
改造前

改造前评述：

- 进门没有玄关，做了又怕堵。
- 房子布设陈旧，需要整体翻新。
- 空间小且高，感觉头重脚轻。
- 储物空间不够，整个屋子乱乱的。

房主故事：

一对新婚小两口，开朗乐观且幸福，他们共同打造未来，是奋斗青年的典范。他们希望房子更加温馨，储物功能要强大；朋友经常来此聚会，改造后还要展示出两个人的生活情趣。

设计师：于　涛
从业时间：10年
设计理念：风格无需设计，设计形成风格。
座右铭：生存于努力，活在快乐中！

房间评价
改造后

都市里生活着太多这样的小家庭，坚持奋斗却体会不到生活的乐趣，他们需要一个自己的家，一个停泊的港湾，这里有他们自己的那份幸福。洁白的羽毛代表自由和温馨，两个人就像纯洁的白天鹅，幸福地徜徉在自己的港湾。

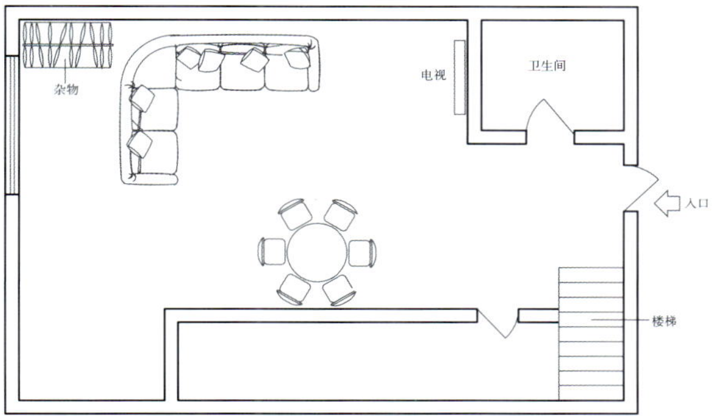

改造前平面图

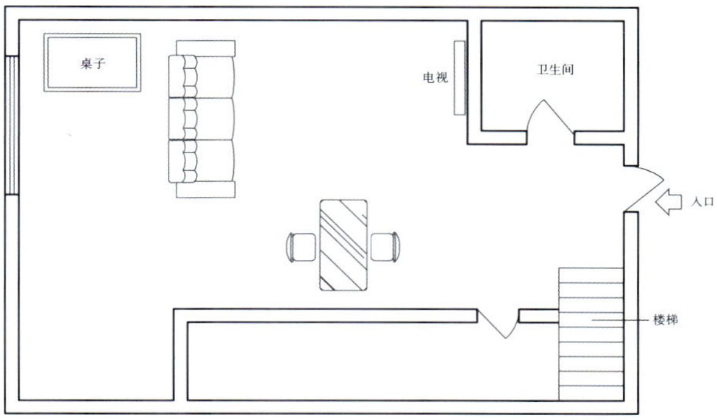

改造后平面图

魔法01
羽毛与铁艺展现主题背景

主题背景用自然环保的硅藻泥打底，装饰八朵真羽毛，用另一朵铁艺制作的羽毛作为玄关，共计九朵羽毛，祝福坎坷路上共同奋斗的两人幸福长久。

改造前

原来的电视背景墙没有设计过，仅作墙漆处理。

魔法02

漫画涂鸦与金丝绒营造"柔软浪漫"的沙发区

用树打造一个展架，沉醉在幸福中的两个人的漫画涂鸦，提醒着两位新人要彼此并肩支持对方。沙发靠垫的羽毛设计与金丝绒的面料相得益彰，同时又与设计主题"幸福的羽毛"相呼应。

门厅区域的墙贴着羽毛图案壁纸，摆设着一组“LOVE”木格，这就是爱的小屋，这里也是幸福的开始。

楼梯边缘用木板做弧形包裹，从其他角度都看不出这“隐形的楼梯”，是设计的巧妙之处。

魔法03
“LOVE”门厅 隐藏楼梯

改造前

改造前门厅布局杂乱，楼梯处没有设计，显得简陋。

魔法04 与客厅相呼应的餐区装饰

二层的阁楼，用南宁的市花朱槿图案作为餐厅背景，同时装饰了原来的两个窗，代表新婚的大红色恰到好处。

餐桌上两只红天鹅造型的台灯与客厅的白天鹅吊灯相呼应。

改造前

改造前的餐区功能分区不明确。

成本开销

壁纸：1200元　　沙发套：1200元　　窗帘：800元
电视主题：1000元　　餐厅雕花：1100元　　抽屉楼梯：1000元
树展架：400元　　墙绘：400元　　餐座椅：200元
其他：2620元

本案色调

主色调+搭配色调

魔法箱

家居空间的艺术表达，并非只去做一些装饰的造型，绘画已经可以不在纸上或画框内，完全可以绘在墙壁、顶面、家具等的上面，这样的表达既节省空间又经济实惠，并赋予空间一种趣味和灵动。

环保家装理念

现代家居空间人们更注重的是健康，很多纯天然材料的应用可以减少装饰材料所带来的家居环境污染。作为设计师也应该提倡环保理念，多采用硅藻泥、动物羽毛、植物等装饰。

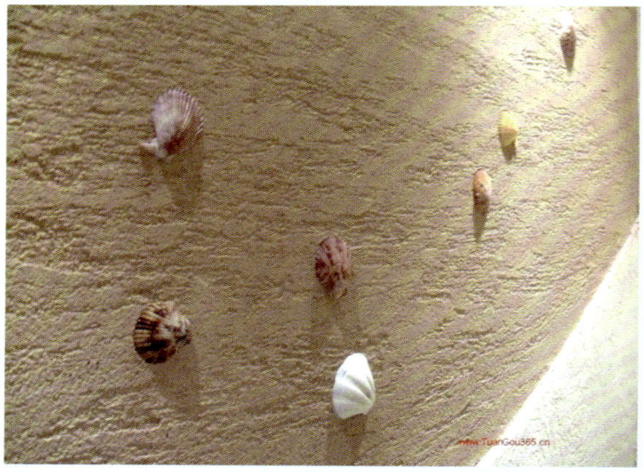

欢迎收看《交换空间》节目
欢迎阅读《家装魔法》丛书

引导家装消费 感受家居时尚 体验美好装修 促进家庭和谐

中央电视台财经频道《交换空间》栏目是一档贴近普通电视观众，倡导自主动手、节俭装修为理念的服务类节目。所有将要家装的、正在家装的、已经家装的，热爱生活、热爱家庭的人群都是节目的收视对象。

在每一期节目中，都将会有两个勇气可嘉的家庭出现。他们将提供出自己房屋中的某一房间，在装修团队的帮助下，互换空间进行装修。简单地说就是你给我家装、我给你家装。在这次装修挑战中，他们只有48小时时间，以及10000元装修预算和8000元的家电基金。如何在规定时间有限预算内完成装修任务将成为节目最大看点。

栏目在保障观赏性的同时，提供装修知识、家装创意、家装常识。 让所有的电视观众重新认识家庭装修的乐趣，推广绿色环保装修，同时促进人与人之间的理解，和睦相处。

由央视财经频道《交换空间》栏目独家授权、同步出版的《家装魔法》丛书共包括5本分册，读者可以填写背面的报名表，采用邮寄或电邮的方式发送给栏目组，就有机会成为红蓝两队成员，参与到《交换空间》节目中来！

买书当房主，《交换空间》进咱家！

《交换空间》报名表

参与人关系：		
	选手一	选手二
姓 名		
性 别		
年 龄		
学 历		
工作单位及职务		
联系方式		
电子邮箱		
特长及兴趣爱好		

家庭地址				
房间情况	房屋使用面积	几室几厅	希望装修的房间	面 积

关于家的情感故事或个人经历的故事(300-500字)

____

____

____

____

____

____

财经频道《交换空间》栏目组

请将报名表填好后裁剪下来寄送至：
北京市海淀区复兴路11号
中央电视台财经频道《交换空间》栏目组 收
邮编100859

您也可以到本社网站www.waterpub.com.cn/softdown下载报名表格(密码为书号ISBN的最后5位)，电邮至kongjian@cctv.com。

《交换空间》栏目组收到上述报名表后，经审核筛选，便有机会成为红蓝队员！